Heiße Motive für Brandmalerei auf Holz & Leder

W0380937

Jeannette Knake

Maritime Wohndeko

Abb. Seite 1

Material: Spanbrettchen DIN A4, kleine Spandose Ø ca. 12 cm

Sonstiges: Transferpapier, Holzstifte für Brandmalerei, Relieffa-Paste, Holzdekoteile mit maritimen Motiven, Holzleim, Spanbrett-Reste, Acrylfarbe in Weiß und Mittelblau, Laubsäge, Borstenpinsel, Bleistift

Motive mit Transferpapier und Bleistift übertragen, Wellenmotive auf die Holzreste aufmalen und mit der Laubsäge aussägen. Leuchtturm-Motiv übertragen und alle Motive mit Brandmalerei belegen. Die Relieffa-Paste an den gewünschten Stellen mit dem Borstenpinsel oder Schwämmchen auftragen und die Wellen etc. auf der Paste leicht andrücken. Alles ca. 2 Stunden trocknen lassen, bevor mit der Acrylfarbe gemalt wird.

Tipp: Der Zusatz von Glimmer oder Hologrammpuder unterstreicht diese Motive noch mehr.

Spandose - Seehund

Motiv mit Transferpapier und Bleistift übertragen und die Konturen mit ca. 500 °C einbrennen. Mit den Holzstiften kann jetzt nach Wunsch in Pastellfarben oder kräftig koloriert werden. Das Schichten der Farbe intensiviert die Leuchtkraft der Holzfarben.

Tipp:

Sollte eine noch stärkere Brillanz der Farben gewünscht sein – lackieren Sie die Spandose mit Glanzlack für Holz.

Impressum:
© 2001 Bücherzauber Verlag, 41540 Dormagen
ISBN: 3-934757-59-6 Best.-Nr.: 57596

Fotos: Peter Wirtz, Dormagen
Grafik/Zeichnungen: Daria Broda
Lithos/Layout/Satz: Marion Haustein, Dormagen
Druck: Grenz-Echo, Eupen www.grenzecho.be

Das Gesamtwerk sowie die darin abgebildeten Motive sind urheberrechtlich geschützt. Jede gewerbliche Nutzung oder Vervielfältigung der abgebildeten Entwürfe – auch auszugsweise – ist nur mit schriftlicher Genehmigung des Herausgebers gestattet. Das Gleiche gilt auch für die Verbreitung, Vervielfältigung oder sonstige Verarbeitung mit elektronischen Systemen.

Alle Materialangaben und Arbeitsweisen für die abgebildeten Motive wurden sorgfältig geprüft. Eine Garantie oder gar Haftung für eventuell auftretende Schäden können seitens der Autorin oder des Verlages nicht übernommen werden.

Auflage: 8. 7. 6. 5. 4. 3. 2. Rechte Zahl ist maßgebend.
Jahr: 2005 2004 2003

Vorwort

Die Brandmalerei ist eine der ältesten Mal- und Gestaltungstechniken. Alt, aber nicht altbacken. Das will ich Ihnen in diesem Buch zeigen. Gestalten Sie natürlich in Holzfarbtönen oder trendig-poppig mit kolorierten Mustern. Die „heiße" Malerei lässt sich mit Holzstiften ganz einfach bunt aufpeppen. Kinder ab 10 Jahren können die kreative und inspirierende Maltechnik bereits erlernen. Der Weg vom Durchpausen bis zum freien Malen ist nicht weit. Jetzt fehlt Ihnen nur noch der Brenn-Peter zum Glück.

Viel Spaß und zündende Ideen

Jeannette Knake

Widmung

Vielen Dank für die freundliche Unterstützung den Firmen Hobbyring und Lederhandel K. Flach, Kiel

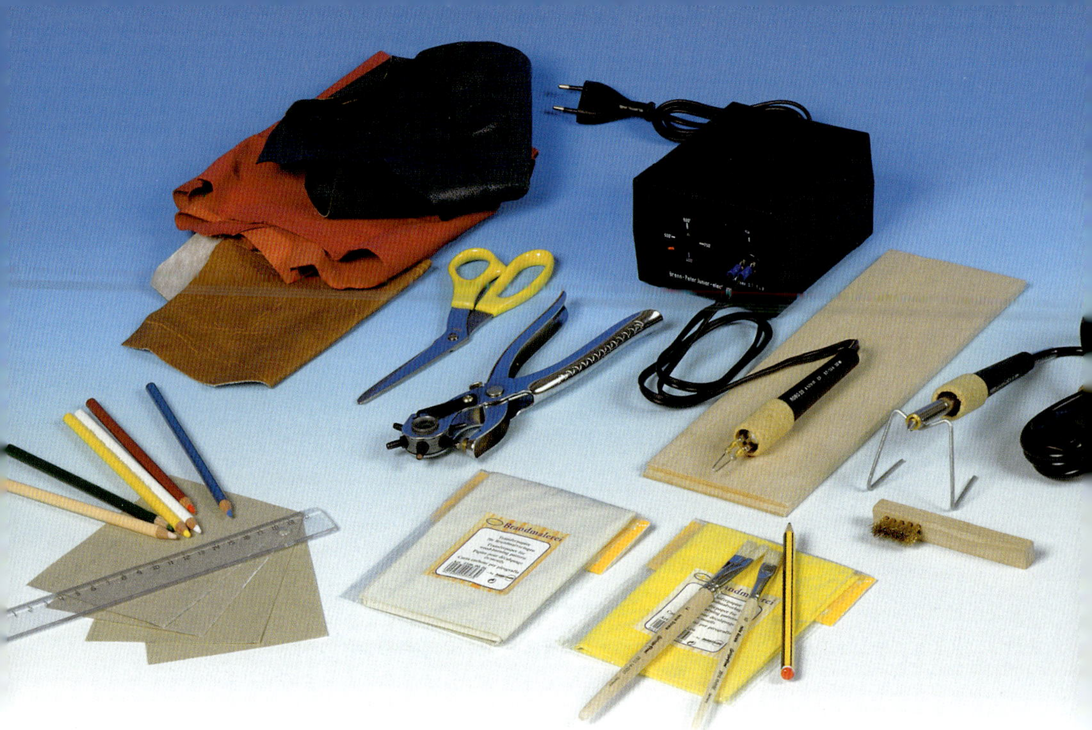

Material & Werkzeug

Brenn-Peter
Junior, Mini, Master
oder Royal

Außerdem:

Holzrohlinge
Spanplatten
Ausmalstifte für Holz
Holzlack
Transferpapier für Brandmalvorlagen
Lederreste
Schneidroller

Feinschleifpapier

Borstenpinsel zum
Auftragen von
Versiegelungslack

Lineal

Lochzange

Schere

So wird's gemacht

1. Dekorationsstück mit Transferpapier belegen und gewünschtes Motiv mit einem Bleistift übertragen.

2. Brandmalereigerät anschalten und auf einem alten Holzbrettchen (Frühstücksbrettchen) Malübungen vornehmen. Je nach Dichte der Holzfasern die Konturen langsam oder schneller ziehen. Weiche Hölzer wie Kiefer werden bevorzugt mit 500 °C gebrannt, während Harthölzer wie Buche mit bis zu 650 °C gebrannt werden können. Je höher die Temperatureinstellung, desto dunkler, tiefer und intensiver ist die Malkontur.

Nach Belieben können Schattierungen mit verringerten Temperaturen vorgenommen werden.

3. Randgestaltungen werden mit hoher Temperatur gebrannt. Das Gerät ca. 1-2 Sekunden an einer Stelle belassen.

4. Schriftzüge lassen sich gleichmäßig mit zusätzlichem Pusten darstellen. Pustet man auf die Brennspitze während des Brennens, kühlt sich diese leicht ab und verhindert Malansätze.

5. Das Kolorieren der gebrannten Motive ist am wirkungsvollsten mit Holzstiften für Brandmalerei. Diese Stifte sind weich im Auftrag, hochdeckend und äußerst brillant. Schattieren, Übermalen und Korrigieren – diese Stifte ermöglichen alle gewünschten Farbaufträge.

6. Das Versiegeln mit Holzlack empfiehlt sich bei bunt ausgemalten Gebrauchsgegenständen. Der Abschluss mit Lack intensiviert die Farben und lässt sie noch kräftiger zum Ausdruck kommen.

Tipp:

Beachten Sie bitte auch den Beilagezettel des Brandmalerei-Gerätes. Auch dort finden Sie wichtige und nützliche Informationen zur Brandmalerei.

3-teiliges Haustürschild

Material

3 Spanplatten DIN A6

Sonstiges

Brenn-Peter
Transferpapier
Bleistift
Holzstifte für Brandmalerei
Reste von Satinbändchen in 0,5 cm Breite
2 gelbe Holzperlen

Motive mit Transferpapier und Bleistift auf die Brettchen übertragen. Lochvorrichtungen einzeichnen. Nach Wunsch in Druck- oder Schreibschrift die Texte schreiben. Die Schmetterlinge werden von hell nach dunkel koloriert. Malen Sie die Schmetterlingsfläche zuerst mit Gelb aus und setzen dann Rot oder Grün darauf. Hier kann unendlich schattiert und die Farbe geschichtet werden.

Tipp:

Das Türschild ist für den Innenbereich vorgesehen. Beim Einsatz draußen sollte Holz besonderer Härte gewählt und das gesamte Objekt mit Lack versiegelt werden.

Christian 2x klingeln
Caroline 3x klingeln
Max
1x klopfen

Sommerträume

Material
Bärenschild: Holzplatte DIN A4
Spandose: Spandose rechteckig, ca. 20 x 10 cm

Sonstiges
Transferpapier, Bleistift, Brenn-Peter
Transferpapier, Holzstifte für die Brandmalerei

Bärenschild mit Schmetterlingen

Das Motiv mit Transferpapier und Bleistift auf die Holzplatte übertragen und mit dem Brenn-Peter die Konturen einbrennen. Nach Wunsch Bär und Schmetterlinge kolorieren.

Tipp:
Koloriert man nur die Schmetterlinge, kommt beim Bären mit seinen Brennkonturen die Brandmalerei noch besser heraus.

Spandose Tulpe

Motiv mit Transferpapier, Vorlagebogen und Bleistift auf den Spandosendeckel übertragen. Nach dem Einbrennen wird dieses Motiv von hell nach dunkel koloriert. Die grünen Blattflächen von der Mitte nach außen zuerst weiß, nachfolgend grün bemalen. Die Blattkanten enden nur mit Grün. Die Blüte zuerst mit Weiß bemalen, Gelb und Rot nach und nach auf die weißen Flächen malen.

Tipp:
Zur Erhaltung des Pastell-Charakters sollte auf das Versiegeln mit Lack verzichtet werden.

Wegweiser

Material

Schlüsselbrett: 1 Spanbrett DIN A5,
4-5 kleine Holzteile als Schlüsselaufhänger
Wohnzimmerschild: 1 Spanplatte DIN A5

Sonstiges

Brenn-Peter
Transferpapier
Bleistift
Holzstifte für die Brandmalerei
Holzleim

Schlüsselbrett für Fahrradschlüssel

Das Motiv mit Bleistift und Transferpapier übertragen und mit ca. 500 °C auf das Holz einbrennen. Der Baum wird mit kleinen kurzen Strichen besonders effektvoll gestaltet. Mit den Holzstiften bunt ausmalen.

Tipp:

Ohne bunte Bemalung wirkt dieses Schlüsselbrett ebenso attraktiv.

Wohnzimmerschild

Die Motive mit Transferpapier und Bleistift auf die Brettchen übertragen. Die Lochvorrichtungen mit einzeichnen.

WOHNZIMMER

Es ist angerichtet!

Material
Holz-Serviertablett
Topfuntersetzer aus Kork ca. 25 cm

Sonstiges
Brenn-Peter Junior
Transferpapier, Bleistift, Holzmalstifte
Reste von Schlagmetall und Schlagmetallkleber

Motive mit Transferpapier und Vorlagebogen auf das gewünschte Holz- oder Korkobjekt übertragen und mit ca. 500 °C (Kiefernholz und Kork) die Motive einbrennen. Das Tablett mit Holzstiften bunt ausmalen.

Als Gebrauchsgegenstand sollte es mit Holzlack versiegelt werden.

Tipp:
Nach Wunsch können auf dem Tablett manche Motive mit Schlagmetall versehen werden. Dies unterstreicht den modernen und schicken Charakter dieses Deko-Stückes.

HOUTEN

NÄHKISTE

Material &
Anleitung
siehe Seite 16

Rund um's Handarbeiten

Alles sicher an Ort und Stelle

Material
Nähkiste aus Holz
Klappdeckelkiste aus Holz
Spandose ca. 25 cm

Sonstiges
Brenn-Peter
Bleistift
Transferpapier

Strickkiste, Nähkiste & Flickzeugdose (Abb. Seite 14/15)

Motive und Schriftzüge mit Transferpapier und Bleistift auf die Rohlinge übertragen und mit ca. 500 °C die Konturen einbrennen. Zum Schattieren der Bärenfelle sollte die Temperatur verringert werden. Hierdurch kann das dichte Fell sehr lebendig dargestellt werden.

Tipp:
Sind bunte Motive bevorzugt, können die Motive nach eigenen Vorstellungen koloriert und ergänzt werden.

Material

Spanplatte (Baumarkt-Zuschnitt) ca. 80 x 50 cm oder kleiner
Spanplatte DIN A4, 4 kleine Bärenköpfe
4 Holzwürfel ca. 1,5 cm
1 Holzwürfel 1,5 - 2 cm

Sonstiges

Brenn-Peter Junior
Holzstifte für Brandmalerei, Holzleim
Lochzange, Lineal, Bleistift, Transferpapier

Bärenspiel

Spielbrett

Je nach Plattenformat 14 Felder pro Reihe nach Vorlagebogen aufmalen. Mit Hilfe des Lineals lassen sich die Spielfelder gleichmäßig anlegen. Das Transferpapier auflegen und Herz- oder andere Motive übertragen. Mit dem Brenn-Peter bei ca. 500 °C, zuerst die Felder brennen, nachfolgend Motive und gewünschte Details.

Die Spanplatte mit Transferpapier belegen und das Bärenmotiv übertragen. Hierbei werden nur die Konturen transferiert, die Fellstruktur wird in kleinen zügigen Strichen eingearbeitet.

Auf die Rückseite der DIN-A4-Platte den Namen etc. übertragen und ebenfalls einbrennen. Nach Wunsch kann dieses Brettchen an das Spiel angehängt werden. Somit ist der Inhaber des Spiels erkennbar und eine Würfelfläche sichergestellt.

Nach Wunsch werden die Motive mit den Holzstiften bunt ausgemalt (siehe Abb.). Der Würfel wird mit Punkten versehen, die zuerst mit Bleistift vorgezeichnet werden. Zuerst die 1 auf eine Würfelseite, die 6 liegt auf der gegenüberliegenden Seite. 2 und 5 sowie 3 und 4 stehen sich ebenfalls gegenüber. Mit dem Brenngerät bei ca. 600 °C die Punkte einbrennen.

Spielfiguren

Teddyköpfe auf die Würfel mit Holzleim aufkleben und ca. 1 Stunde antrocknen lassen. Die Würfel unterschiedlich farbig bemalen.

Tipp:

Ein Ledersäckchen hält Spielfiguren und Würfel zusammen. Dazu mit einer Lochzange Löcher in ein rundes Lederstück (Ø 30 cm) stanzen. Ein Stoff- oder Lederband einziehen und fertig!

Jugendzimmer

Material
1 DIN A4 Spanbrett (Sperrholz)
ca. 8 Holz-Wäscheklammern
Holzordner, Spandose Ø ca. 20 cm
Adressbuch oder Notizbuch aus Pappe

Sonstiges
Brenn-Peter Junior oder Mini
Bleistift, Transferpapier, kleine Notiz-Zettel

Pinnwand „Praktisch + Witzig“

Motive mit Vorlagebogen und Transferpapier auf das Holzbrett übertragen. Mit dem Bleistift gewünschte Schriftzüge auf die Wäscheklammern schreiben. Mit dem Brandmalerei-Gerät bei ca. 500 °C Einstellung (Mini-Standardeinstellung) das Motiv in das Holz einbrennen. Nach Wunsch schattieren.

Tipp:

Nicht nur als „Pinn-Wand" Ersatz ist dieses Brettchen ein sinnvoller kleiner Helfer. Gleich für welchen Einsatzbereich kann diese Gedankenstütze im Büro oder im Kinderzimmer mit veränderten Motiven und Texten auf den Wäscheklammern zum Einsatz kommen.

Ordner, Spandose & Adressbuch

Auch hier nur Transferpapier auf die Objekte legen, Vorlagebogen mit den gewünschten Motiven oben auflegen und mit dem Bleistift übertragen. Motive einbrennen.

Tipp:

Mit dem Brenn-Peter Junior lassen sich die Temperaturen einfach regeln und somit ist ein Schattieren grenzenlos möglich. Diese witzigen Motive lassen sich auch prima auf Schränken, Garderoben etc. dekorativ platzieren.

Zahnarzt - Termine
Hund Tierarzt
Lebensmittel kaufen
Butter
Milch
Sahne
Christian
Tennis
4.3.
Sport
Rendevous-Präsent
Steven
4.4.
Monat Geburtstage
Schule
Adressbuch
Krims-Krams

Zweilein

Zwei Spiele auf einem Brett. Auf einer Seite befindet sich das Bilder-Puzzle „Blaue Katze“, auf der Rückseite können Sie ein Memory-Spiel platzieren. Hierzu entnehmen Sie von den Vorlagebögen wahlweise 25 kleine Motive, die Sie jeweils auf zwei Holzbrettchen aufbringen. Vorteil dieses Doppel-Spieles: Man kann zu zweit oder dritt spielen, aber auch allein bringt das Bilder-Puzzle sehr viel Spaß.

Material

Holzbrett ca. 1,5 cm Stärke und 80 x 70 cm
(im Baumarkt auf 10 x 10 cm Teile zuschneiden lassen)

Sonstiges

Transferpapier, Bleistift, Brenn-Peter Junior oder Master
Acrylfarben in Blau, Rot, Gelb, Grün, Weiß
Borstenpinsel Nr. 2, 4 und 6 (für feine Teile und Flächen)
Kreppband (Klebeband)

Alle Quadrate mit Kreppband aneinander kleben und das Spiel umdrehen. Nun wird das erste Spiel mit Transferpapier, Bleistift und Brenn-Peter übertragen. Die Katze mit dem Borstenpinsel entsprechend der Abbildung kolorieren.

Tipp: Das Memory-Spiel bedarf keiner Klebesicherung. Es kann naturfarben bleiben oder koloriert werden. Dieses Spiel bringt Groß und Klein Spaß und ist für 5-jährige auch eine absolute Herausforderung. Achten Sie darauf, dass jedes Quadrat ein Motivteil beinhaltet.

Dose „Zweilein“

Material

Fertige Pappkiste 20 x 20 cm, ca. 7 cm hoch,
oder selbst angefertigte Kiste aus blauer Wellpappe
1 Holzplatte 15 x 15 cm

Sonstiges

Brenn-Peter Junior, Holzstifte, Transferpapier, Bleistift

Motiv mit Transferpapier auf die Holzplatte bringen. Mit dem Brenn-Peter bei ca. 500 °C die Kontur einbrennen und anschließend kolorieren.

Tipp:

Die Katze in Rot oder Gelb gemalt sieht
auch toll aus. Schattieren Sie nach Belieben.

Schreibtischset

Material

Bilderrahmen ca. 22 cm
Holzkarte (Spanbrettchen DIN A 6) oder Leinwand
Zettelkästchen
Stiftemäppchen: sandfarbenes Lederstück, ca. 35 x 25 cm
Lederband, ca. 1 cm breit, 45 cm lang

Sonstiges

Holzstifte für Brandmalerei
Acrylfarben in Dunkelblau, Rot, Weiß, Gelb
Lochzange, Zick-Zack-Schere (für Stoff)
Transferpapier, Bleistift, Klarlack für Holz
kleine Lederreste in Dunkelblau, Holzleim
Brenn-Peter, feiner Borstenpinsel Nr. 2

Holzobjekte

Motive auf das gewünschte Objekt mit Transferpapier und Bleistift übertragen. Nach dem Einbrennen der Konturen wie abgebildet ausmalen. Die rote Katze wird mit Bleistift vorgezeichnet und anschließend mit den Acrylfarben und feinem Borstenpinsel ausgemalt. Nach dem Trocknen der Farben wird nur die Katze mit Lack versiegelt. Das „Holzbild" mit Holzleim in den Rahmen einkleben.

Stiftemäppchen

Lederstück (ca. 25 x 35 cm) mit einer Zick-Zack-Schere (Konturschere für festes Material) an allen vier Seiten zuschneiden. Lederband ebenfalls an beiden Längsseiten mit dem Zick-Zack-Schnitt versehen.

Der Lederzuschnitt dient als „Einschlag" für Stifte oder sonstige Mal- und Schreibutensilien und hat keinerlei Verschlüsse. Die Lederbänder werden auf die äußere Einschlagfläche zur Dekoration gesetzt. Dazu werden mit der Lochzange zwei Öffnungen gelocht, die Bänder durchgezogen und auf der Innenseite jeweils das Bandende mittels Knoten gesichert.

Motive auf das Leder übertragen und einbrennen. Mit den Holzbuntstiften nach Wunsch oder Abbildung kolorieren.

vergessen – n'oublier pas – don't

Fische

Material
Schlüsselschränkchen
Holzordner

Sonstiges
Brenn-Peter Junior
Holzmalstifte, Bleistift, Transferpapier

Schlüsselschränkchen

Zuerst den Fisch mittig auf das Schränkchen übertragen und dann die Randzonen dekorieren. Die Bemalung lässt alle Möglichkeiten zu.

Holzordner Fisch

Das Motiv mit Transferpapier und Bleistift übertragen und anschließend die Kontur mit dem Brenn-Peter einbrennen. Den Fisch in Regenbogenfarben ausmalen.

Tipp:

Suchen Sie sich aus dem Buch beliebige Motive aus, die zu dem witzigen Fisch passen. Je mehr Details, desto lebendiger wird dieses praktische Dekorationsstück.

Paravent-Bilder

Material: 3 Bilderrahmen ca. 20 cm, 3 Spanbrettchen DIN A6
Sonstiges: Acrylfarbe, Rest Relieffa-Paste oder Struktur Creme, Brenn-Peter, Transferpapier, Bleistift, Holzleim

Motive mit Transferpapier und Bleistift auf die Bilderrahmen übertragen und die Konturen mit ca. 550 °C einbrennen. Bilder im „Freestyle" mit Acrylfarben malen. Der Einsatz von Relieffa-Paste oder Struktur Creme lässt die Bilder noch plastischer erscheinen.

Tipp:

Auch Fotografien lassen sich auf die Holzbrettchen geklebt toll formieren. Hängt man 5-6 Bilder nebeneinander, ist der Effekt noch wirkungsvoller. Dann sollten die Bilderrahmen mit Scharnieren oder Lederstückchen verbunden werden.

USA OIL PENCIL WALNUT HOLLOW 909

Schmuckkästchen und Schatztruhe

... nicht nur für „kleine feine Damen"

Material
1 Schmuckkästchen
1 Schatztruhe aus Holz

Sonstiges
Brenn-Peter Junior
Bleistift, Transferpapier
Holzmalstifte

Motive mit Transferpapier und Bleistift auf die Dekostücke übertragen und mit ca. 500 °C die Konturen einbrennen. Nach Wunsch (siehe Abbildung) kolorieren.

Tipp:
Je nach Einsatzbereich empfiehlt es sich die Kästchen mit Holzlack zu versiegeln.

Lederpulli

Eine pfiffige Lederjacke im Pullischnitt

Material

1,20 x 1,10 m helles Leder (Lederversand oder Lederhandel)

Sonstiges

Lochzange, ca. 4 m Lederband in Rot, Blau, Grau
Brenn-Peter Junior, Holzmalstifte für Brandmalerei
2-4 Conchas (Indio-Silberknöpfe), Lederreste für die Figur

Der Schnitt ist einfach. Legen Sie Ihren Lieblingspulli auf das Leder und schneiden es in geraden Teilen zu. Mit der Lochzange entlang aller Nähte bei ca. 1 cm -1,5 cm Abstand Löcher stanzen. Mit großen Steppstichen und bunten Lederbändern werden die Teile per Hand zusammengenäht. Schräg angeschnittene Lederbänder lassen sich gut in die gestanzten Löcher einfädeln. Gesichert wird jede „Naht" mit einem Knoten. Nach Wunsch kann man die Kanten umklappen und mit Brandmalerei-Motiven belegen.

Koloriert wird mit Holzstiften für Brandmalerei. Nach ca. 48 Stunden sind sie per Luft im Leder fixiert. Figur aus Lederresten nach Vorlage zuschneiden, Gesichtszüge einbrennen und mit kleinen kurzen Lederbandstücken die Körperteile anbringen. Die Lochzange sorgt für eine gleichmäßige Lochung. Gesichert werden die Lederbänder auf dem Rücken der Figur mit einem Knoten.

Tipp:

Dieser außergewöhnliche Leder-Pulli ist so angenehm zu tragen wie eine Lederjacke. Er lässt sich phantastisch zu jeder Jeans und Lederhose kombinieren.

Reitbürste

Material: 1 Holzbürste für Stiefel, ca. 20 cm lang
Sonstiges: Brenn-Peter, Bleistift, Transferpapier

Das Motiv mit Transferpapier und dem Bleistift übertragen. Den Brenn-Peter auf ca. 600 °C einstellen und die Konturen einbrennen.

Tipp: Da die Bürste ein Gebrauchsgegenstand ist, aufs Kolorieren verzichten. Schattierungen nur mit unterschiedlichen Hitzeeinstellungen arbeiten. Schwache Hitze (ca. 250 °C) ergibt helle Schatten, eine hohe Gradzahl erzeugt dunkle Konturen.

Caroline's
Reitstiefel

Weihnachts-karten

Material

Holzkarten (Spanbrettchen) DIN A6, 1 Passepartout-Karte in Rot, Holzstreuteile oder Holzanhänger „Schaukelpferd"

Sonstiges

Transferpapier, Bleistift, Holzstifte für Brandmalerei, Reste von Schlagmetall und Schlagmetallkleber

Je nach Jahreszeit das gewünschte Motiv auf dem Vorlagebogen aussuchen und mit dem Transferpapier auf die Karte übertragen. Mit dem Brandmalerei-Gerät die Motive einbrennen und kolorieren. Auch unbemalt haben diese Karten einen ganz besonderen Charakter. Die Kartenränder mit dem Brandmalerei-Gerät abbrennen.

Tipp: Die Rückseite der Karte kann der Postkarte ähnlich mit Aufteilungen für Adresse etc. versehen werden. Diese Karten passen in die genormten Kuverts. Der Einsatz einer Passepartout-Karte und zusätzliche Dekoration eines Holzanhängers verwandeln die Karten zu Bildern.